改訂版

日本語能力試験
N2 模擬テスト〈2〉

千駄ヶ谷日本語教育研究所 著

スリーエーネットワーク

Published by 3A Corporation.
Trusty Kojimachi Bldg., 2F, 4, Kojimachi 3-Chome, Chiyoda-ku, Tokyo 102-0083, Japan

ISBN978-4-88319-950-1 C0081

First published 2011
Revised Edition 2024
Printed in Japan

はじめに

　本書は、日本語能力試験合格を目指す方々のために、本試験にできるだけ近い形でチャレンジできるように作成しました。ぜひ時間を測って本試験さながらの模擬テストを行ってください。実施後は採点結果を結果分析表に記入することで弱点を把握し、不得意な問題形式や分野を重点的に補強することができます。

　また、実際には受験しない方々も、本書を使って実力の確認と今後の目標設定をすることができます。

　この本が多くの方々に役立つよう心から期待しています。

千駄ヶ谷日本語教育研究所

目次

音声 https://www.3anet.co.jp/np/books/3807/で聞けます。

・「言語知識（文字・語彙・文法）・読解」試験の指示　　　track01

・「聴解」試験の指示　　　track02

・「聴解」問題　　　track03〜38

・「聴解」試験終了の指示　　　track39

別冊

・**問題用紙**

　「言語知識（文字・語彙・文法）・読解」

　「聴解」

・**解答用紙（巻末。切り取って使用してください。）**

模擬試験を実施される方へ

　本書は、本試験に近い形で実施できるようになっています。問題用紙を外し、解答用紙を問題用紙から切り取って、学習者に配付してください。試験時間を守って、本試験のように進めることで学習者は試験形式に慣れ、本試験で戸惑わずに実力を発揮できるでしょう。実施後は、学習者へのフィードバックとして結果分析表（31ページ）をご活用ください。

　試験前後の学習者へのアドバイスは7ページの「学習者の方へ」を参考にしてください。

　以下のサイトに音声、解答用紙、結果分析のためのExcelファイル、本書の活用法を紹介した動画があります。ご活用ください。

https://www.3anet.co.jp/np/books/3807/

〈模擬試験の手順例〉

○準備

①以下の表を利用して試験実施時間を決める。所要時間は175分。

試験科目			試験実施時間
言語知識（文字・語彙・文法）・読解	試験の指示 （音声 track01）	5分	＿＿＿＿＿：＿＿＿＿＿　〜　＿＿＿＿＿：＿＿＿＿＿
	模擬試験	105分	＿＿＿＿＿：＿＿＿＿＿　〜　＿＿＿＿＿：＿＿＿＿＿
休憩		10分	＿＿＿＿＿：＿＿＿＿＿　〜　＿＿＿＿＿：＿＿＿＿＿
聴解	試験の指示 （音声 track02）	5分	＿＿＿＿＿：＿＿＿＿＿　〜　＿＿＿＿＿：＿＿＿＿＿
	模擬試験 （音声 track03〜39）	50分	＿＿＿＿＿：＿＿＿＿＿　〜　＿＿＿＿＿：＿＿＿＿＿

②問題用紙を外す。

③解答用紙を問題用紙から切り取る。

④試験会場を整える。試験実施時間を掲示する。

⑤時計の準備、および、音声を流す準備をする。

○試験時

「言語知識（文字・語彙・文法）・読解」

①問題用紙、解答用紙「言語知識（文字・語彙・文法）・読解」を配付する。

②音声「試験の指示」（track01）に沿って、問題用紙「言語知識（文字・語彙・文法）・読解」の表紙と解答用紙の注意の確認、名前の記入、ページ数の確認をさせる。「試験の指示」（track01）終了後、音声を止める。

③時間になったら試験開始を知らせる。

④時間になったら試験終了を知らせる。

⑤解答用紙を回収する。

⑥回収した解答用紙の数と、受験者の数が一致しているか確認する。

「聴解」

⑦解答用紙「聴解」を配付する。

⑧音声「試験の指示」（track02）に沿って、問題用紙「聴解」の表紙と解答用紙の注意の確認、名前の記入、ページ数の確認をさせる。

⑨「聴解」問題を始める。（track03～38）

⑩音声「試験終了の指示」（track39）が終わったら問題用紙と解答用紙を回収する。

⑪回収した問題用紙・解答用紙の数と、受験者の数が一致しているか確認する。

○試験後

①解答（8、9ページ）を見て採点する。

②結果分析表（31ページ）を使って、学習者にフィードバックする。

　　ア．大問ごとに正答数を記入する。

　　イ．◎・○・△の欄の数字を見て、ア．で記入した正答数が当てはまる欄にチェック（✔）を入れる。

　　ウ．正答数を合計して記入する。

　　エ．正答率を計算して記入する。

　　オ．満点の60点とエ．の正答率から得点を計算する。

　　カ．オ．の得点を見て□にチェック（✔）を入れる。

　結果分析のためのExcelファイルもご活用ください。

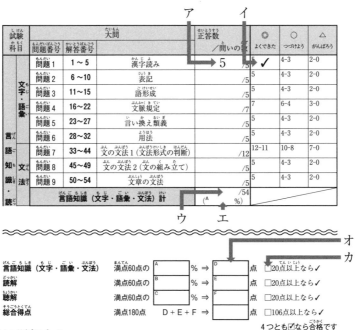

	問題番号	解答番号	大問	正答数／問いの数	◎ よくできた	○ つづけよう	△ がんばろう
文字・語彙	問題1	1～5	漢字読み	5 /5	5 ✔	4-3	2-0
	問題2	6～10	表記	/5	5	4-3	2-0
	問題3	11～15	語形成	/5	5	4-3	2-0
	問題4	16～22	文脈規定	/7	7	6-4	3-0
	問題5	23～27	言い換え類義	/5	5	4-3	2-0
	問題6	28～32	用法	/5	5	4-3	2-0
言語知識・文法	問題7	33～44	文の文法1（文法形式の判断）	/12	12-11	10-8	7-0
	問題8	45～49	文の文法2（文の組み立て）	/5	5	4-3	2-0
	問題9	50～54	文章の文法	/5	5	4-3	2-0
読	言語知識（文字・語彙・文法）計			(A) /54 (%)			

ア　イ　ウ　エ　オ　カ

言語知識（文字・語彙・文法）	満点60点の [A] % ⇒	[D] 点	☐20点以上なら ✔
読解	満点60点の [B] % ⇒	[E] 点	☐20点以上なら ✔
聴解	満点60点の [C] % ⇒	[F] 点	☐20点以上なら ✔
総合得点	満点180点　D＋E＋F ⇒	点	☐106点以上なら ✔

4つとも ☑ なら合格です

③本書を学習者に返却する。

学習者の方へ

〈試験のとき〉

・各科目にいろいろな形式の問題がありますから、問題文や例をよく読んで何を答えるか
よく理解してから問題を解きましょう。

・「言語知識・読解」は、問題数が多いです。わからない問題はあとで解くために印を付
けておいて、まずできる問題から解きましょう。

・解答用紙のマークの塗り方がよくないために、失敗する人もいます。解答用紙の「マー
クれい」を見て、よい塗り方で塗ってください。

〈試験のあと〉

・結果分析表（31ページ）の結果から、自分の弱点を把握してください。

・時間がなくて解けなかった問題を解いてください。

・間違えた問題を解き直してください。

・間違いが多かった分野を特に勉強してください。

・以下のサイトから解答用紙、結果分析のための
Excelファイルがダウンロードできます。

https://www.3anet.co.jp/np/books/3807/

N2 解答 「言語知識（文字・語彙・文法）・読解」

問題1

問	答
1	3
2	2
3	1
4	3
5	4

問題2

問	答
6	3
7	4
8	1
9	3
10	1

問題3

問	答
11	4
12	2
13	1
14	4
15	3

問題4

問	答
16	2
17	1
18	1
19	3
20	2
21	1
22	1

問題5

問	答
23	3
24	2
25	3
26	2
27	2

問題6

問	答
28	3
29	3
30	2
31	2
32	1

問題7

問	答
33	3
34	4
35	1
36	2
37	2
38	3
39	3
40	3
41	4
42	3
43	3
44	4

問題8

問	答
45	4
46	4
47	3
48	2
49	1

問題9

問	答
50	4
51	1
52	2
53	3
54	2

問題10

問	答
55	3
56	2
57	1
58	3
59	4

問題11

問	答
60	3
61	4
62	1
63	2
64	1
65	4
66	3
67	2
68	1

問題12

問	答
69	4
70	3

問題13

問	答
71	3
72	3
73	1

問題14

問	答
74	2
75	1

N2 解答 「聴解」

問題1

もん問	だい題 1			
例	①	❷	③	④
1	①	❷	③	④
2	①	②	③	❹
3	❶	②	③	④
4	①	②	❸	④
5	❶	②	③	④

問題2

もん問	だい題 2			
例	①	②	●	④
1	①	②	❸	④
2	①	②	③	❹
3	❶	②	③	④
4	①	②	③	❹
5	①	②	❸	④
6	①	②	③	❹

問題3

もん問	だい題 3			
例	①	②	●	④
1	①	②	❸	④
2	①	②	❸	④
3	①	②	③	❹
4	①	②	③	❹
5	①	②	❸	④

問題4

もん問	だい題 4		
例	①	●	③
1	❶	②	③
2	①	❷	③
3	❶	②	③
4	①	②	❸
5	❶	②	③
6	①	②	❸
7	❶	②	③
8	①	②	❸
9	①	❷	③
10	①	②	❸
11	①	②	❸
12	❶	②	③

問題5

もん問	だい題 5			
1	①	②	③	❹
2	①	②	③	④
3 (1)	①	②	③	④
(2)	①	②	③	④

「聴解」問題スクリプト

（M：男性　F：女性）

問題1　　　　track03

　　問題1では、まず質問を聞いてください。それから話を聞いて、問題用紙の1から4の中から、最もよいものを一つ選んでください。では、練習しましょう。

例

会社で女の人と男の人が話しています。女の人はこのあとまず何をしますか。

F：すみません、銀行と郵便局に行って、それから昼ごはんを食べて来ます。

M：わかりました。じゃあ、この書類も出して来てくれませんか。

F：ええ、いいですよ。

M：今の時間は銀行が混んでるから、先に郵便局に行ったほうがいいですよ。

F：そうですか。じゃあ、そうします。

M：もし遅くなるようなら電話してください。

F：わかりました。

女の人はこのあとまず何をしますか。

最もよいものは2です。解答用紙の問題1の例のところを見てください。最もよいものは2ですから、答えはこのように書きます。

では、始めます。

1番　track04

母親と中学生の男の子があしたの旅行の準備について話しています。男の子はこのあとかばんに何を入れますか。

F：もうあしたの準備は終わった？　忘れ物しないようによく確認するのよ。薬は入れた？

M：うん、2種類入れたよ。

F：あ、そう。乗り物酔いの薬も？

M：それは持ってかなくても大丈夫だよ。

F：ほんとにいいの？

M：じゃ、念のため。

F：そうね。あら、携帯、机の上になんて置いとくと忘れちゃうわよ。今日入れなさい。

M：うん。

F：充電器は持ってかないの？

M：二泊三日だからね。

F：そう。あら？　ここにカメラが出てるけど……。

M：あ、あした持ってこうと思ってお父さんから借りて来たの忘れてた。

F：もう、しっかりしなさい！

男の子はこのあとかばんに何を入れますか。

2番　　　track05

女の人と男の人が話しています。女の人はこのあとまず何をしますか。

F：インターネットで新幹線の予約ができるって聞いたんだけど、知ってる？

M：うん。よくやってるよ。駅で買うより少し安く買えるんだ。会員にならなきゃいけないんだけどね。

F：ほんと？　どうやって会員になるか教えて。来月、実家に帰るから、新幹線の予約をしたいの。

M：うん、いいよ。会員になるためにはまず会員登録をするんだ。ホームページを見ると、会員登録っていうところがあるから、そこから登録するんだよ。登録すると、メールアドレスに会員番号が送られてくるから、それが届いたらすぐ予約の画面から入力できるよ。

F：へえ、ホームページを見ればいいのね。じゃ、早速、やってみるね。

M：予約の内容を入力したら、最後にクレジットカードの番号を入れるんだけどさ……。

F：え？　クレジットカード？

M：うん。それがないと、予約できないよ。

F：えっ、そうなんだ。持ってないよ。てっきり、チケットが届いてからお金を振り込むのかと思ってた。

M：帰省するのが来月ならまだ時間があるから、まずはそれを用意したほうがいいね。

F：わかった。そうする。

女の人はこのあとまず何をしますか。

13

3番　　　track06

男<ruby>の<rt>おとこ</rt></ruby>人<ruby>ひと<rt></rt></ruby>と女<ruby>おんな<rt></rt></ruby>の人<ruby>ひと<rt></rt></ruby>が話<ruby>はな<rt></rt></ruby>しています。男<ruby>おとこ<rt></rt></ruby>の人<ruby>ひと<rt></rt></ruby>は何<ruby>なに<rt></rt></ruby>を買<ruby>か<rt></rt></ruby>わなければいけませんか。

M：あしたのお弁当、サンドイッチ作るんだよね。何、買って来ればいい？

F：えっと、パンは8枚あるからいいでしょう？

M：えっ、でも、4人分でしょう？　足りる？

F：半分に切ればいいかなって思ったけど、じゃ、念のため追加しよっか。それから、バターは
　　あるし……。

M：あ、俺、今朝バター使ったよ。もうあまり残ってなかったけど。

F：そう、じゃ、必要だね。それから、卵は三つあるからいいよね。

M：うん。ねえ、野菜は何も入れないの？

F：うーん、そうだね。なんか緑の物が入ると見た目がよくなるね。じゃ、入れようか。たしか
　　冷蔵庫にあったと思う。

M：そう。

F：ねえ、野菜を入れるなら、バターのかわりにチーズ入れたいんだけど。

M：いいよ。

F：じゃ、バターはいいからチーズお願い。

M：わかった。

男の人は何を買わなければいけませんか。

14

4番　　track07

女の人と男の人が会社の地震対策について話しています。男の人はこのあとまず何をしますか。

F：ねえ、田中さん。この間お願いした地震対策なんだけど、水や薬はまだ買ってないよね？

M：ええ、備蓄品の購入については、予算案を作成したところです。

F：よかった。備蓄品は会議で承認されてから購入することになってるから、会議の議案に入れ
　　といてくれる？

M：はい。それも入れて、まとめておきます。

F：あと、地震が発生したあとの行動マニュアルだけど、どこまで進んでる？

M：はい、区が作成した資料をもとに、今、案を練っています。

F：そう、ちょっとその資料を見せてくれる？

M：これですけど。

F：あら、これ、5年前に発行された物じゃない。もっと最近のがあるはずだから、それに従わ
　　ないと。

M：はい、すぐ手配します。

F：マニュアルは来週の会議で検討しなきゃいけないんだから、まとまったら会議の前に、配付
　　しといてくれる？　議案はそのあとでいいから。

M：はい。

男の人はこのあとまず何をしますか。

5番　　　track08

高校生の男の子と先生が大学の入学試験に必要な書類について話しています。男の子はこれから
どの書類を準備しなければなりませんか。

M：先生、すみません。大学に提出する書類の確認を一緒にしていただけますか。

F：じゃあ、ちょっと見せて。まず入学願書は？

M：これです。

F：あら、書き間違いがずいぶん多いね。もう一度きれいに書き直して。あと、卒業見込み証明
　　書、準備できてる？

M：はい、ここにあります。

F：うん、いいね。それから……成績証明書。これは封筒に入ってる書類だけど……。あっ、封
　　筒開けちゃったの？　こういうのは開けたら書類としての効果がなくなっちゃうんだよ。も
　　う１回作ってもらわなきゃ。

M：えー、そうだったんですか。

F：志望理由書は……、卒業後の計画のところをもっと具体的に考えて書き直したほうがいいね。

M：わかりました。

F：健康診断書は病院で作ってもらって。

M：はい、それは昨日行って来ました。

F：そう。それなら問題ないね。じゃあ、必要な物をすぐに準備してね。

M：はい。

男の子はこれからどの書類を準備しなければなりませんか。

　問題2では、まず質問を聞いてください。そのあと、問題用紙の選択肢を読んでください。読む時間があります。それから話を聞いて、問題用紙の1から4の中から、最もよいものを一つ選んでください。では、練習しましょう。

例

女の人と男の人が話しています。男の人が料理を食べないのはどうしてですか。

Ｆ：どうして食べないの？　辛い？

Ｍ：いや、辛くはないけど。

Ｆ：じゃあ、口に合わない？

Ｍ：いや、おいしいよ。でも……。

Ｆ：どうしたの？　おなかすいてない？

Ｍ：さっき、残ってたパンを食べちゃって。

Ｆ：そっか。食べすぎておなか壊すといけないから、食べないほうがいいよ。

Ｍ：うん。

男の人が料理を食べないのはどうしてですか。

最もよいものは3です。解答用紙の問題2の例のところを見てください。最もよいものは3ですから、答えはこのように書きます。

では、始めます。

1番　　track10

女の人と男の人が美容院で話しています。女の人はどうして髪を短くしますか。

F：この写真みたいに短くしてください。

M：はい。ああ、この歌手の髪型、かわいいですよね。

F：はい。

M：最近、この髪型にしたいって言う人、多いですよ。今年は短いのがはやってますから。

F：そうなんですか。私の場合は、運動を始めたから、今の髪型はちょっと……。

M：そうですか。顔にかかるといらいらしますよね。

F：はい、そうなんです。

M：短くしたら、だいぶ印象が変わりますね。

F：そうですね。みんなびっくりするかもしれません。

M：でも、短いのも似合うと思いますよ。

F：ありがとうございます。

女の人はどうして髪を短くしますか。

2番　　track11

男の人と女の人が大学の食堂で話しています。女の人がAランチを選ぶ一番の理由は何ですか。

M：また今日もAランチ食べてんの？　よく飽きないね。

F：けっこうおいしいし、スープは毎日変わるんだよ。

M：変わるのはスープだけでしょう？　他はいつも同じじゃない。

F：まあね。

M：どう見てもBランチとかCランチより量が少ないと思うけど。よく、これで足りるね。

F：そこがいいんじゃない。私、これを食べたあと、デザートも食べたいから。

M：ふーん。でもこの量でBランチとかと同じ値段なんてな。

F：でも私にはこのぐらいがちょうどいいの。

M：ふーん。もう少し安くてもいいと思うけど。

F：そうだね。

女の人がAランチを選ぶ一番の理由は何ですか。

18

3番　　　track12

女の人と男の人が大学で話しています。この女の人がパソコンを習い始める理由は何ですか。

F：ねえ、パソコン教室に行ってるって聞いたけど、ほんと？

M：うん、先月から始めたんだ。

F：ふーん。私も、去年たくさん単位を取ったから、今年は時間ができそうなんだ。それでパソコンか何かやってみようと思ってるの。

M：へえ、いいんじゃない？　僕は、ちょうどキャンペーン中で、最初の1か月の授業料がただだったから始めたんだ。

F：そうなんだ。習い事してる人、多いね。みんな、就職のための準備かな？

M：うーん、そうとは限らないんじゃない？　友達が始めたからって言う人も多いと思うよ。

F：そうだね。じゃ、私がパソコン始めたら、他の友達もやるって言うかもね。

M：そうかもね。

この女の人がパソコンを習い始める理由は何ですか。

4番　　　track13

女の人と男の人が話しています。男の人はどうして発表会に行きたくないのですか。

F：来週のよし子のバイオリンの発表会だけど、聞きに行けるよね。仕事、休めそう？

M：土曜日だったよね。ああ、ちょっと忙しいけど。

F：えっ、時間取れないの？

M：いや、課長に頼めば何とかなるから大丈夫だよ。

F：じゃ、行くよね。他のお子さんのご両親はみんな聞きに行くんだから、面倒だなんて言わないでよね。

M：面倒じゃないけど……。やっぱりみんな来るんだ。緊張するな。

F：何、言ってんの。知らない人ばっかりじゃないんだから、安心して。

M：いや、少し知ってるから、会ったときに何を話せばいいかわかんなくて大変なんだよ。黙ってるわけにはいかないしなあ。

F：まあ、そういうのが得意じゃないのは知ってるけど、毎日仕事でいろんなお客さんと話してるじゃない。大丈夫だよ。

M：仕事とこれは別だよ。

男の人はどうして発表会に行きたくないのですか。

5番　　　track14

大学で女の人と男の人が話しています。男の人はどうして留学しますか。

F：田中くん、来月からアメリカの大学に行くんだね。寂しくなるなあ。でも、どうして留学するの？　就職のとき、有利だから？

M：うーん、留学の経験が評価されるとは限らないよ。

F：じゃ、英語の勉強のため？

M：まあ、英語は上手に話せるようにはなりたいけどね。

F：そうだよね。英語が話せると役に立つもんね。

M：まあね。それより、僕、前から日本以外の国で暮らしてみたかったんだ。日本とは違う文化やそこで暮らす人の考え方に興味があるんだ。

F：ふーん。アメリカならいろんな経験ができそうだね。私も旅行してみたいな。

男の人はどうして留学しますか。

6番　　　track15

小学校の先生が学校の取り組みについて話しています。先生はこの取り組みを始めて何がいちばんよかったと言っていますか。

M：私たちの学校では、6年生を対象に、毎年、近くの湖で1000メートルを泳ぐ遠泳大会を実施しています。生徒に身近な自然を知ってもらおうと、5年前に始めました。しかし、予想しなかった効果も上がっています。まず、大会を始める前に比べると、生徒の体力がずいぶん向上しました。また、練習の成果があって、大会では、一人の例外もなく全員が1000メートルを泳ぎきっています。これはけっして簡単なことではありません。低学年のうちからクラスみんなで励まし合って練習しているからこそ、このような成果につながるのでしょう。練習を通じて生まれた助け合い精神は、水泳の練習以外の場面でも見られます。実はこれが最大の効果だと私たち教師は思っています。遠泳大会を始めてよかったなと思います。

先生はこの取り組みを始めて何がいちばんよかったと言っていますか。

20

ここでちょっと休^{やす}みましょう。（音楽）ではまた続^{つづ}けます。　　　track16

問題3　track17

　問題^{もんだい}3では、問題用紙^{もんだいようし}に何^{なに}も印刷^{いんさつ}されていません。この問題^{もんだい}は、全体^{ぜんたい}としてどんな内容^{ないよう}かを聞^きく問題^{もんだい}です。話^{はなし}の前^{まえ}に質問^{しつもん}はありません。まず話^{はなし}を聞^きいてください。それから、質問^{しつもん}と選択肢^{せんたくし}を聞^きいて、1から4の中^{なか}から、最^{もっと}もよいものを一^{ひと}つ選^{えら}んでください。では、練習^{れんしゅう}しましょう。

例

テレビで女^{おんな}の人^{ひと}が話^{はな}しています。

F：昨日^{きのう}の夜^{よる}から降^ふっていた雨^{あめ}はやみました。都心^{としん}では今日^{きょう}は一日^{いちにち}晴^はれますが、風^{かぜ}が強^{つよ}いので夕^{ゆう}方^{がた}から寒^{さむ}くなるでしょう。一方^{いっぽう}、山沿^{やまぞ}いでは午後^{ごご}から雨^{あめ}が降^ふるでしょう。この雨^{あめ}は夜^{よる}にはやみますが、傘^{かさ}を持^もって出掛^{でか}けたほうがよさそうです。

何^{なに}について話^{はな}していますか。
1．映画^{えいが}
2．旅行^{りょこう}
3．天気^{てんき}
4．買^かい物^{もの}

最^{もっと}もよいものは3です。解答用紙^{かいとうようし}の問題^{もんだい}3の例^{れい}のところを見^みてください。最^{もっと}もよいものは3ですから、答^{こた}えはこのように書^かきます。
では、始^{はじ}めます。

1番 track18

評論家が話しています。

M：以前は「自分の物を持つ」ということが目標となったり、「自分の物を持つ」ことで満足したりすることもありました。しかし、最近は意識が変化してきているようです。例えば、個人で車を買うのではなく複数の人と共同で借りて、それぞれが必要なときに使用するという方法が広がってきています。これは自分が使う物が自分だけの物である必要はないという意識の表れではないでしょうか。また、車だけでなく事務所や店などにも同じような傾向が見られます。このような傾向はこれからますます広がっていくのではないかと考えられます。

評論家は何について話していますか。
1．他人との関係の変化
2．物を持つことに対する考え方の変化
3．人気がある車の種類の変化
4．事務所や店の経営方針の変化

2番 track19

学生が授業でスーパーに関する調査の結果を発表しています。

M：私は駅前にあるスーパーについて調査しました。まずさくらスーパーですが、ここは食料品に力を入れています。特に魚は新鮮で安いため人気があります。夕方から夜にかけて行った調査では、魚を買って行く人が多かったです。次に、スーパー富士ですが、ここは電気製品から洋服、食料品まで何でもそろっていて、どれもそんなに高くないのが特徴です。夕方から夜の時間帯に客が買って行く物は、肉、野菜から靴下、電球、トイレットペーパーまでさまざまでした。

スーパーの何についての調査の結果ですか。
1．客の多い時間帯
2．売れている商品の種類
3．商品の種類の多さ
4．売れている商品の安さ

3番　　track20

傘売り場で店員が説明しています。

M：軽い傘をお探しのお客様、軽い物というと小さく畳める傘を選ばれる方が多いですが、当店のお勧めはこちらの傘です。長い傘で小さく畳むことはできませんが、ちょっと持ってみてください。とても軽いんです。長くても、小さく畳める物とほとんど変わらない200グラムなんです。軽すぎてすぐ壊れるのでは、と思われるかもしれませんが、骨がしっかりしていてとても丈夫なので長く使えます。重さの面からも品質の面からもお勧めできる商品です。

店員は何について説明していますか。
1．小さく畳める傘の長所
2．小さく畳める傘の短所
3．長い傘の長所
4．長い傘の短所

4番　　track21

男の人が話しています。

M：私は、気持ちというものは、心をこめて書くことで相手の心に届くものだと思っています。子どものころ友達とけんかをして、いくら口で謝っても許してもらえなかったことがありました。それで困って、悪かったという気持ちを手紙に書いて渡してみたんです。上手な文章ではなかったはずですが、友達は許してくれたんです。そのとき口で言うより書いた物のほうが思いが伝わったことに驚きました。それ以来、私は思っていることを相手にわかってもらいたいときは、紙に書いて渡すことにしています。

男の人の話のテーマは何ですか。
1．謝ることの難しさ
2．子どものころ困った経験
3．上手な手紙の書き方
4．気持ちを伝える方法

<ruby>大学<rt>だいがく</rt></ruby>の<ruby>先生<rt>せんせい</rt></ruby>がことわざについて<ruby>話<rt>はな</rt></ruby>しています。

M：<ruby>皆<rt>みな</rt></ruby>さんは「ツバメが<ruby>低<rt>ひく</rt></ruby>く<ruby>飛<rt>と</rt></ruby>ぶと<ruby>雨<rt>あめ</rt></ruby>が<ruby>降<rt>ふ</rt></ruby>る」ということわざを<ruby>聞<rt>き</rt></ruby>いたことがあると<ruby>思<rt>おも</rt></ruby>います。こういった<ruby>天気<rt>てんき</rt></ruby>のことわざは<ruby>本当<rt>ほんとう</rt></ruby>でしょうか。<ruby>実<rt>じつ</rt></ruby>は、ちゃんと<ruby>科学的<rt>かがくてき</rt></ruby>な<ruby>理由<rt>りゆう</rt></ruby>があるんです。<ruby>雨<rt>あめ</rt></ruby>が<ruby>近<rt>ちか</rt></ruby>づき<ruby>風<rt>かぜ</rt></ruby>が<ruby>強<rt>つよ</rt></ruby>くなるとツバメの<ruby>餌<rt>えさ</rt></ruby>である<ruby>小<rt>ちい</rt></ruby>さい<ruby>虫<rt>むし</rt></ruby>が<ruby>高<rt>たか</rt></ruby>く<ruby>飛<rt>と</rt></ruby>べなくなります。そうするとツバメも<ruby>低<rt>ひく</rt></ruby>く<ruby>飛<rt>と</rt></ruby>ぶというわけです。また、「<ruby>猫<rt>ねこ</rt></ruby>が<ruby>顔<rt>かお</rt></ruby>を<ruby>洗<rt>あら</rt></ruby>うと<ruby>雨<rt>あめ</rt></ruby>が<ruby>降<rt>ふ</rt></ruby>る」ということわざもあります。これも<ruby>雨<rt>あめ</rt></ruby>が<ruby>近<rt>ちか</rt></ruby>づくと<ruby>湿気<rt>しっけ</rt></ruby>でひげがべたつくために<ruby>手入<rt>てい</rt></ruby>れをしていると<ruby>考<rt>かんが</rt></ruby>えられています。

<ruby>大学<rt>だいがく</rt></ruby>の<ruby>先生<rt>せんせい</rt></ruby>はことわざについて<ruby>何<rt>なん</rt></ruby>と<ruby>言<rt>い</rt></ruby>っていますか。
1．<ruby>雨<rt>あめ</rt></ruby>に<ruby>関<rt>かん</rt></ruby>することわざには<ruby>根拠<rt>こんきょ</rt></ruby>がない。
2．<ruby>雨<rt>あめ</rt></ruby>に<ruby>関<rt>かん</rt></ruby>することわざは<ruby>信<rt>しん</rt></ruby>じるべきだ。
3．<ruby>天気<rt>てんき</rt></ruby>に<ruby>関<rt>かん</rt></ruby>することわざには<ruby>根拠<rt>こんきょ</rt></ruby>がある。
4．<ruby>天気<rt>てんき</rt></ruby>に<ruby>関<rt>かん</rt></ruby>することわざは<ruby>信<rt>しん</rt></ruby>じるべきではない。

<ruby>問題<rt>もんだい</rt></ruby>4 track23

<ruby>問題<rt>もんだい</rt></ruby>4では、<ruby>問題用紙<rt>もんだいようし</rt></ruby>に<ruby>何<rt>なに</rt></ruby>も<ruby>印刷<rt>いんさつ</rt></ruby>されていません。まず<ruby>文<rt>ぶん</rt></ruby>を<ruby>聞<rt>き</rt></ruby>いてください。それから、それに<ruby>対<rt>たい</rt></ruby>する<ruby>返事<rt>へんじ</rt></ruby>を<ruby>聞<rt>き</rt></ruby>いて、1から3の<ruby>中<rt>なか</rt></ruby>から、<ruby>最<rt>もっと</rt></ruby>もよいものを<ruby>一<rt>ひと</rt></ruby>つ<ruby>選<rt>えら</rt></ruby>んでください。では、<ruby>練習<rt>れんしゅう</rt></ruby>しましょう。

例

F：<ruby>佐藤<rt>さとう</rt></ruby>さん、お<ruby>元気<rt>げんき</rt></ruby>ですか。

M：1．はい、そうです。
　　2．はい、<ruby>元気<rt>げんき</rt></ruby>です。
　　3．はい、こちらこそ。

<ruby>最<rt>もっと</rt></ruby>もよいものは2です。<ruby>解答用紙<rt>かいとうようし</rt></ruby>の<ruby>問題<rt>もんだい</rt></ruby>4の<ruby>例<rt>れい</rt></ruby>のところを<ruby>見<rt>み</rt></ruby>てください。<ruby>最<rt>もっと</rt></ruby>もよいものは2ですから、<ruby>答<rt>こた</rt></ruby>えはこのように<ruby>書<rt>か</rt></ruby>きます。
では、<ruby>始<rt>はじ</rt></ruby>めます。

1番　　　track24

F：隣の部屋、打ち合わせで使わせていただけませんか。

M：1．いいえ、今使いませんよ。

　　2．ええ、構いませんよ。

　　3．ええ、さっき使わせてもらいましたよ。

2番　　　track25

M：夜にもう一度電話をもらえるとうれしいんだけど。

F：1．わかりました。電話します。

　　2．そうですか。ありがとうございます。

　　3．はい。持って行きます。

3番　　　track26

M：先に教室に行って、俺の席も取っといてくんない？

F：1．それぐらい、自分で取っててよ。

　　2．しょうがないな。取っとくよ。

　　3．席ならもう誰か取ってってったよ。

4番　　　track27

F：駅前のレストランって、値段のわりにはちょっとね……。

F：1．うん、ちょっとおいしいよね。

　　2．うん、今度また行こうか。

　　3．うん、サービスがあんまりね……。

5番　　　track28

M：ちょっと、君！　自転車は決められた場所に止めてくんないと困るよ。

F：1．いいえ、ここに止めとくんで、大丈夫です。

　　2．そうなんですよ。勝手に決められて困ってるんです。

　　3．え？　場所、決まってたんですか。すみません。

6番　　　track29

M：次の会議は来月でしたっけ？

F：1．そうですか。わかりました。

　　2．そうですよ。来月ですよ。

　　3．そうですか。じゃ、まだ時間がありますね。

7番　　　track30

F：あれ？　今日は燃えるごみの日じゃないんじゃなかった？

M：1．あ、そうか。燃えるごみの日か。

　　2．あ、そうそう。さっき出せばよかったよ。

　　3．あ、そうか。あしたと間違えちゃった。

8番　　　track31

M：すみません、ちょっと前を失礼します。

F：1．お疲れ様でした。

　　2．あ、どうぞ。

　　3．いいえ、こちらこそ、失礼します。

9番　　　track32

M：その仕事、私が手伝ってあげられるものならそうしてあげたいけど。

F：1．そうですか。もらえないんですか。

　　2．ええ、私、手伝えますよ。

　　3．気にしないでください。一人でできますから。

10番　　　track33

M：では、この件についてはあなたにお任せします。

F：1．はい、お任せいたします。

　　2．はい、承知しました。

　　3．はい、頑張ってください。

11番　　　track34

M：あのう、さっきコーヒーを注文したんだけど、いったいどれだけ待たされなきゃいけないわけ？

F：1．では、そちらで少々お待ちください。

　　2．はい。あと10分ほど待たされます。

　　3．申し訳ありません。すぐにお持ちします。

12番　　　track35

M：あーあ。引っ越しなんてしなかったほうがよかったかもしんないなあ。

F：1．どうしたの？　何か問題でも？

　　2．そうだね。引っ越したいよね。

　　3．引っ越しするの？　よかったね。

問題5　　track36

問題5では、長めの話を聞きます。この問題には練習はありません。メモをとってもかまいません。

1番

問題用紙に何も印刷されていません。まず話を聞いてください。それから、質問と選択肢を聞いて、1から4の中から、最もよいものを一つ選んでください。

女の人と男の人が店の人と話しています。

F1：電子辞書を買いたいんですが、できるだけいろんなことが調べられる辞書で、色はピンクで……。

M：　それで、予算は3万円までなんですが、どんなのがありますか。

F2：えー、いろいろな色があって人気があるのはエコーの辞書ですね。価格が3万2000円になってしまうんですが、もともと3万9000円の商品ですから、お買い得ですよ。こちらです。

F1：あ、このピンク、かわいい。

M：　でも予算以内じゃないと。

F1：そうだね。

F2：では、こちらのカトウのはいかがでしょうか。色は白だけですが、入っている辞書が多いので、いろいろなことが調べられます。それに、辞書を入れるケースがおまけに付いて2万7000円です。ケースを別に買うと2000円はしますからお得です。それから、PLCの辞書。これはピンクのがありますね。入っている辞書は多くはないんですが、2万5000円とお安くなっています。

F1：へえ。

F2：あとはクリヤマの辞書です。こちらもピンクのがあります。単語帳など便利な機能がたくさん付いているので人気があるんですよ。ただ今キャンペーン中で2万8000円となっています。

F1：いいですね。でも、機能が多くても使いこなせないから、もう少し安いのでもいいかな。

M：　そうだね。機能は必要ないね。いろいろ調べられるから、ケース付きのはどう？

F1：うーん。でも、やっぱりピンクがいいから、これにします。

女の人はどの会社の電子辞書を買いますか。

1. エコーの辞書
2. カトウの辞書
3. PLCの辞書
4. クリヤマの辞書

2番　　track37

問題用紙に何も印刷されていません。まず話を聞いてください。それから、質問と選択肢を聞いて、1から4の中から、最もよいものを一つ選んでください。

家族3人が車の買い替え時期について話しています。

F1：お父さん、そろそろ車、買い替えませんか。

M：　車？

F1：ええ、今年でもう15年になりますよ。

M：　いや、来年の夏に、今乗ってる車が新しいモデルになるんだよ。今より環境にいい車になるそうだから、買い替えるのは、そのころにしようと思ってるんだ。

F1：でも、こないだだって、しばらくエンジンがかからないことがあったし。

M：　それ以外のところは問題ないよ。

F2：ねえ、環境にいい車を買ったら、税金が安くなるよ。それに、今なら補助金がもらえるよ。来年じゃなくて、今年買ったら？

M：　何だ？　その補助金っていうのは？

F2：13年以上乗った車を廃車にして環境にいい車を買うと、いくらかお金がもらえるんだって。この制度が使えるのは今年だけって聞いたけど。

F1：それで、お隣さんも急いで車を買ったのね。補助金がもらえるうちにって言ってたから。

M：　そうか。どうせ買い替えるなら、その制度が利用できるうちのほうがいいようだな。

F1：そうね。じゃ、今年買いましょう。

家族が今年車を買い替える一番の理由は何ですか。

1. 今乗っている車が古くなったから
2. 環境にいい車が発売されるから
3. 制度を利用して車を買うことができるから
4. 隣のうちの人が新しい車を買ったから

まず話を聞いてください。それから、二つの質問を聞いて、それぞれ問題用紙の１から４の中から、最もよいものを一つ選んでください。

テレビ番組で女の人が絵の紹介をしています。

F１：本日はお部屋に飾るだけで幸運がやってくる絵をご紹介します。果物、海、山、花の４種類の絵があります。まず、若い女性の間で人気となっておりますのが果物の絵。深い愛情で満たされたい、恋愛を成就させたい、そんな方にお勧めです。次に、最近出費がかさんで困る、お金がなかなかたまらなくて……というお悩みをお持ちの方には海の絵。これを飾るようになってから貯蓄が増えたなんていうお声をよく聞きますよ。それから、決断力アップには山の絵のパワーが効きますよ。進学先や就職、結婚など将来を決めかねている方にはピッタリ！　また、勉強や仕事におけるストレスを感じている方も多いでしょう。感情のコントロールや精神安定にはこちらの花の絵がいいですよ。ついつい周りの人に怒りをぶつけてしまうなんていうあなた、いかがですか。

F２：へえ。おもしろいね。最近仕事のストレスで不安になったりいらいらしたりするし、あの絵がいいかも。

M　：うん。お前がいらいらすると俺たち家族も迷惑だからな。でも、それよりお前には恋人ができるのがいいよ。

F２：うん、たしかにそれも魅力的。その絵にしようかな。お兄ちゃんの願いは、やっぱり金運アップ？　それとも仕事のストレスからの解放？

M　：俺は、何をするにも迷ってばかりでなかなか決められないだろ？　それを何とかしたいな。

F２：そっか。うーん、やっぱり私はあの絵。周りに不快な思いをさせたくないからね。

M　：お前はいつも恋愛は後回しだよな。

質問１

この男の人はどの絵を選びますか。

質問２

この女の人はどの絵を選びますか。

結果分析表

けっかぶんせきひょう

記入方法は6ページを見てください。
き にゅうほうほう

名 前	

試験 科目		大問			正答数	◎	○	△
しけん かもく		問題番号 もんだいばんごう	解答番号 かいとうばんごう		／問いの数 せいとうすう と かず	よくできた	つづけよう	がんばろう
言語知識・読解 げんごちしき どっかい	文字・語彙 もじ ごい	問題1 もんだい	1 ～ 5	漢字読み かんじ よ	／5	5	4-3	2-0
		問題2 もんだい	6 ～10	表記 ひょうき	／5	5	4-3	2-0
		問題3 もんだい	11～15	語形成 ご けいせい	／5	5	4-3	2-0
		問題4 もんだい	16～22	文脈規定 ぶんみゃく き てい	／7	7	6-4	3-0
		問題5 もんだい	23～27	言い換え類義 い か るいぎ	／5	5	4-3	2-0
		問題6 もんだい	28～32	用法 ようほう	／5	5	4-3	2-0
	文法 ぶんぽう	問題7 もんだい	33～44	文の文法1（文法形式の判断） ぶん ぶんぽう ぶんぽうけいしき はんだん	／12	12-11	10-8	7-0
		問題8 もんだい	45～49	文の文法2（文の組み立て） ぶん ぶんぽう ぶん く た	／5	5	4-3	2-0
		問題9 もんだい	50～54	文章の文法 ぶんしょう ぶんぽう	／5	5	4-3	2-0
		言語知識（文字・語彙・文法）計 げんごちしき もじ ごい ぶんぽう けい			／54 (A ％)			
	読解 どっかい	問題10 もんだい	55～59	内容理解（短文） ないようりかい たんぶん	／5	5	4-3	2-0
		問題11 もんだい	60～68	内容理解（中文） ないようりかい ちゅうぶん	／9	9-8	7-6	5-0
		問題12 もんだい	69～70	統合理解 とうごうりかい	／2	2	1	0
		問題13 もんだい	71～73	主張理解（長文） しゅちょうりかい ちょうぶん	／3	3	2	1-0
		問題14 もんだい	74～75	情報検索 じょうほうけんさく	／2	2	1	0
		読解 計 どっかい けい			／21 (B ％)			
聴解 ちょうかい		問題1 もんだい	1 ～ 5	課題理解 か だいりかい	／5	5	4-3	2-0
		問題2 もんだい	1 ～ 6	ポイント理解 りかい	／6	6	5-4	3-0
		問題3 もんだい	1 ～ 5	概要理解 がいようりかい	／5	5	4-3	2-0
		問題4 もんだい	1 ～12	即時応答 そく じ おうとう	／12	12-11	10-8	7-0
		問題5 もんだい	1 ～ 3 (2)	統合理解 とうごうりかい	／4	4	3	2-0
		聴解 計 ちょうかい けい			／32 (C ％)			

言語知識（文字・語彙・文法） げんご ちしき もじ ごい ぶんぽう	満点60点の まんてん	A	％ ⇒	D	点	□20点以上なら✓ てんいじょう
読解 どっかい	満点60点の	B	％ ⇒	E	点	□20点以上なら✓
聴解 ちょうかい	満点60点の	C	％ ⇒	F	点	□20点以上なら✓
総合得点 そうごうとくてん	満点180点	D ＋ E ＋ F ⇒			点	□106点以上なら✓

4つとも☑なら合格です
ごうかく

日本語能力試験は配点が公表されていないため、この模擬テストでは正答数を180点満点に換算します。
合格点はこの模擬テストで設定したもので、実際の日本語能力試験とは異なります。

31

著者
千駄ヶ谷日本語教育研究所（せんだがやにほんごきょういくけんきゅうじょ）
Sendagaya Japanese Institute（SJI）。1975年開設。成人外国人を対象とする日常会話、ビジネス日本語等の実践的な日本語教育を展開。1976年には日本語教師養成講座も開設し、国内外に日本語教師を輩出。日本語教育と日本語教師養成のノウハウの蓄積を生かし、各種教材開発、日本語教師現職者向けの研修、地域の日本語教育支援等幅広く展開している。
URL: https://group.jp-sji.org/

イラスト
二階堂ちはる

表紙デザイン
岡本健＋

改訂版
日本語能力試験Ｎ２　模擬テスト〈２〉

2011年 9 月15日　初 版第 1 刷発行
2024年 4 月 5 日　改訂版第 1 刷発行

著　者　千駄ヶ谷日本語教育研究所
発行者　藤嵜政子
発　行　株式会社スリーエーネットワーク
　　　　〒102-0083　東京都千代田区麹町3丁目4番
　　　　　　　　　　トラスティ麹町ビル2F
　　　　電話　営業　03（5275）2722
　　　　　　　編集　03（5275）2725
　　　　https://www.3anet.co.jp/
印　刷　萩原印刷株式会社

ISBN978-4-88319-950-1　C0081

問題用紙

Language Knowledge · Reading
(Vocabulary/Grammar)

N2

言語知識（文字・語彙・文法）・読解

（105分）

注　意
Notes

1． 試験が始まるまで、この問題用紙を開けないでください。
   Do not open this question booklet until the test begins.

2． この問題用紙を持って帰ることはできません。
   Do not take this question booklet with you after the test.

3． 受験番号と名前を下の欄と解答用紙に書いてください。
   Write your examinee registration number and name clearly in each box below and on the answer sheet.

4． この問題用紙は、全部で31ページあります。
   This question booklet has 31 pages.

5． 問題には解答番号の 1 、 2 、 3 …が付いています。
   解答は、解答用紙にある同じ番号のところにマークしてください。
   One of the row numbers 1 , 2 , 3 …is given for each question. Mark your answer in the same row of the answer sheet.

受験番号　Examinee Registration Number	

名　前　Name	

問題1 ＿＿＿＿の言葉の読み方として最もよいものを、1・2・3・4から一つ選びなさい。

1 この仕事は経験の<u>有無</u>に関係なくできる仕事だ。
1 ゆうむ　　　　2 ゆうぶ　　　　3 うむ　　　　4 うぶ

2 彼は毎朝、道路に落ちているごみを<u>掃いて</u>きれいにしている。
1 ふいて　　　　2 はいて　　　　3 かいて　　　　4 たいて

3 あの作家は2年かけてこの小説を<u>執筆</u>した。
1 しっぴつ　　　　2 しっひつ　　　　3 しゅうぴつ　　　　4 しゅうひつ

4 運動して汗をかいたときは、水分をしっかり<u>補って</u>ください。
1 とって　　　　2 つかまって　　　　3 おぎなって　　　　4 まもって

5 私の借りているアパートは、<u>大家</u>も同じ建物に住んでいる。
1 だいか　　　　2 だいけ　　　　3 おおか　　　　4 おおや

問題2 ＿＿＿＿の言葉を漢字で書くとき、最もよいものを1・2・3・4から一つ選びなさい。

6 この地域は国が<u>かんり</u>している国立公園の中にある。
1 官理　　　　2 官利　　　　3 管理　　　　4 管利

7 毎日、植木鉢（うえきばち）の花の様子を<u>かんさつ</u>して、日記を書いている。
1 感際　　　　2 観際　　　　3 感察　　　　4 観察

8 これは10年後の自分を<u>そうぞう</u>して描（えが）いた絵だ。
1 想象　　　　2 相象　　　　3 想像　　　　4 相像

9 新しい薬が発明されて多くの命が<u>すくわれた</u>。

1 救われた　　　　2 助われた　　　　3 拾われた　　　　4 求われた

10 店で買ったアイスクリームが<u>とけない</u>ように急いで家に帰った。

1 溶けない　　　　2 温けない　　　　3 流けない　　　　4 欠けない

問題3　（　　　）に入れるのに最もよいものを、1・2・3・4から一つ選びなさい。

11 彼女は（　　　）収入の得られる仕事ばかり探しているのでなかなか就職できない。

1 良　　　　　　　2 超　　　　　　　3 大　　　　　　　4 高

12 食堂で食事をしていたら、スーツを着た会社員（　　　）の男性が入って来た。

1 型　　　　　　　2 風　　　　　　　3 式　　　　　　　4 流

13 窓を開けたら、部屋の中に猫が飛び（　　　）来た。

1 こんで　　　　　2 こめて　　　　　3 ついて　　　　　4 つけて

14 世界（　　　）に知られている映画監督が映画の宣伝のため、来日した。

1 間　　　　　　　2 級　　　　　　　3 化　　　　　　　4 的

15 失業者の増加や男女差別など社会の（　　　）問題を論じるテレビ番組が始まった。

1 真　　　　　　　2 総　　　　　　　3 諸　　　　　　　4 本

問題4 （　　　）に入れるのに最もよいものを、1・2・3・4から一つ選びなさい。

16 書類に数字の（　　　）があったため、正しく直してもう一度印刷した。

　　1　レポート　　　　　2　シリーズ　　　　　3　セット　　　　　4　ミス

17 セーターの表と裏を間違えて着て来るなんて、彼女は本当に（　　　）。

　　1　そそっかしい　　2　ずうずうしい　　3　あつかましい　　4　そうぞうしい

18 高速道路の（　　　）速度は法律で決められている。

　　1　最高　　　　　　2　最上　　　　　　3　最速　　　　　　4　最長

19 この賞は今年最も活躍した（　　　）に贈られる。

　　1　人生　　　　　　2　人体　　　　　　3　人物　　　　　　4　人形

20 昨夜は（　　　）眠れたので、今朝はいつもより早く目が覚めた。

　　1　そっくり　　　　2　ぐっすり　　　　3　こっそり　　　　4　すっかり

21 車を運転していたら、子どもが飛び出して来たので、（　　　）をかけた。

　　1　ブレーキ　　　　2　カーブ　　　　　3　ハンドル　　　　4　スピード

22 この町の人口の（　　　）を調べた結果、30代の人が多いことがわかった。

　　1　分析　　　　　　2　分野　　　　　　3　分量　　　　　　4　分布

問題5 _____の言葉に意味が最も近いものを、1・2・3・4から一つ選びなさい。

23 今日は会社の入社試験を二つ受けたあとでアルバイトへ行き、一日中あわただしかった。

1 つかれた　　　　2 あわてた　　　　3 いそがしかった　4 くるしかった

24 今度のパーティーについて、何かいいアイデアがあったら教えてください。

1 話　　　　　　2 案　　　　　　3 例　　　　　　4 夢

25 ニュースで工場の爆発の模様が放送された。

1 被害　　　　　2 原因　　　　　3 様子　　　　　4 範囲

26 歩いていたら、知らない人にいきなり声をかけられてびっくりした。

1 ちょうど　　　2 思わず　　　　3 突然　　　　　4 偶然

27 彼は人にわかりやすく話すのが上手なので、教師の仕事に向いている。

1 似合っている　2 適している　　3 関わっている　4 慣れている

問題6 次の言葉の使い方として最もよいものを、1・2・3・4から一つ選びなさい。

28 受け取る

1 試験を受け取ったが、合格できなかった。

2 この島の農家は大雨で被害を受け取った。

3 優勝賞品として商品券を受け取った。

4 彼はクラスでいちばんいい成績を受け取った。

29 パターン

1 環境への影響を考慮した新しいパターンの車が発売された。

2 彼はマラソン大会に出場するために毎日パターンをしている。

3 あのドラマは話の展開がいつも同じパターンだ。

4 友達に好きな女性のパターンについて聞かれた。

30 順調

1 怪我をしたひざの状態は順調に悪くなっている。

2 新しいビルの建設は計画どおり順調に進んでいる。

3 名前を呼ばれた人から順調に並んでください。

4 今日のサッカーの試合は雨でも順調に行われるそうだ。

31 たくわえる

1 不平不満を心にたくさんたくわえるのはよくない。

2 若いうちにたくさん勉強して、知識をたくわえる。

3 私は洗濯物をある程度たくわえてから洗濯することにしている。

4 雨が降りそうだったので、かさをかばんにたくわえて出かけた。

32 直接

1 通信販売ではなく、店で商品を<u>直接</u>手に取って選びたい。

2 天気予報によると、明日大型台風が<u>直接</u>来るということだ。

3 この道を<u>直接</u>行くと、次の角に銀行がある。

4 犯人は自分の罪を<u>直接</u>認めた。

問題7　次の文の（　　　）に入れるのに最もよいものを、1・2・3・4から一つ選び
なさい。

33　買うかどうか2時間以上悩んだ（　　　）、結局買わないで店を出た。

　　1　うえは　　　　　　　2　かわりに　　　　　3　あげく　　　　　4　とおり

34　一人で（　　　）、だれにも相談しないで勝手にやるから失敗したのだ。

　　1　するしかないわりに　　　　　　　　2　できるわけないわりに

　　3　するしかないくせに　　　　　　　　4　できるわけないくせに

35　ここ数年、経済状況が改善しないため、失業者の数が（　　　）。

　　1　増えつつある　　　　　　　　　　　2　増えるものがある

　　3　増えたにすぎない　　　　　　　　　4　増えないではいられない

36　引き受けた（　　　）、どんな困難があっても期限までに完成させなければならない。

　　1　あまり　　　　　　　2　以上は　　　　　　3　ついでに　　　　　4　一方では

37　いい選手ばかり集めているのだから、このチームが優勝する（　　　）。

　　1　わけではない　　　　　　　　　　　2　にきまっている

　　3　ほかしかたがない　　　　　　　　　4　かのようだ

38　あなたが自分からやると言った（　　　）。

　　1　からには最後までやるはずです　　　2　からには最後までやるべきです

　　3　ものだから最後までやるはずです　　4　ものだから最後までやるべきです

39　これは小学生の問題（　　　）難しすぎるように感じたが、子どもたちはすぐに解
いてしまった。

　　1　からいって　　　　2　からして　　　　3　にしては　　　　4　にとって

40 手帳に（　　　）友達との約束を忘れてしまった。

1　書いてみなかったばかりに　　　　　　2　書いてみなかったばかりか

3　書いておかなかったばかりに　　　　　4　書いておかなかったばかりか

41 彼女は最近体の調子が悪いらしく、会社を（　　　）。

1　休むことだ　　　2　休みかねる　　　3　休むまい　　　4　休みがちだ

42 面接試験当日は午前10時までに受付に（　　　）。

1　おうかがいください　　　　　　　　　2　おまねきください

3　おこしください　　　　　　　　　　　4　おまいりください

43 あの会社は、国内（　　　）、海外でもよく知られている巨大な企業だ。

1　にかけては　　　2　といっても　　　3　はもとより　　　4　をつうじて

44 A：部長は私が書いた記事を（　　　）そうです。

　　B：それはよかったですね。

1　みさせていただいた　　　　　　　　　2　みさせてくださった

3　ごらんいただいた　　　　　　　　　　4　ごらんくださった

問題8　次の文の　★　に入る最もよいものを、1・2・3・4から一つ選びなさい。

（問題例）

ここに　＿＿＿＿　＿＿＿＿　★　＿＿＿＿　はります。

1　紙を　　　　　　2　書いた　　　　　3　会議の　　　　　4　予定を

（解答のしかた）

1．正しい文はこうです。

ここに　＿＿＿＿＿＿＿　＿＿＿＿＿＿＿　★＿＿＿＿＿＿　＿＿＿＿＿＿＿　はります。

3　会議の　　4　予定を　　2　書いた　　1　紙を

2．　★　に入る番号を解答用紙にマークします。

（解答用紙）　　（例）①●③④

45　本当にいい学校かどうかは　＿＿＿＿　＿＿＿＿　★　＿＿＿＿。

1　自分が　　　　　2　わからない　　　3　通ってみない　　4　ことには

46　あの会社には、敬語どころか　＿＿＿＿　＿＿＿＿　★　＿＿＿＿　いて、社長は困っているそうだ。

1　社員が　　　　　2　さえ　　　　　　3　あいさつ　　　　4　できない

47　警察は　＿＿＿＿　＿＿＿＿　★　＿＿＿＿　人物がいるとみて、周辺の住民を調べ始めた。

1　ここから部屋に入った　　　　　　　2　窓ガラスが

3　ことから　　　　　　　　　　　　　4　大きく割れていた

48 健康診断では ＿＿＿＿ ＿＿＿＿ ＿★＿ ＿＿＿＿ 最近体調がよくない。

1 目立った 　　　　　　　　2 見つからなかった

3 にもかかわらず 　　　　　　4 異常が

49 あしたの試験のために ＿＿＿＿ ＿＿＿＿ ＿★＿ ＿＿＿＿ ので、あとは落ち着いて受けるだけだ。

1 ことは 　　　　2 べき 　　　　3 すべてやった 　　4 やる

このページには問題が印刷されていません。

問題9　次の文章を読んで、文章全体の内容を考えて、　50　から　54　の中に入る
　　　　最もよいものを、1・2・3・4から一つ選びなさい。

以下は、雑誌のコラムである。

贈り物

　贈り物をしたいとき、何を贈ろうかと迷ったことがある人は少なくないでしょう。
贈り物とは、「ありがとう」「おめでとう」などといった気持ちを相手に伝えるための
物です。私たちは贈り物を受け取るとうれしく感じますが、これはただ物が手に入っ
たからではないでしょう。贈ってくれた人の気持ちが　50　からです。

　では、相手に喜んでもらえる贈り物とはどのような物でしょうか。　51　、相手が自
分より年上だったり社会的立場がある人の場合は、日常で使う生活必需品ではなく趣
味的な品物で、上質な物を選びましょう。ただし、上質であっても目上の人　52　「勤
勉(注1)」を意味する腕時計などを贈ることは避けたほうがいいです。

　また、友人など身近な人の場合は、家族構成を考えた日用品を贈るのがいいでしょ
う。少人数の家庭や高齢者の場合は質がよい物を少しだけ贈るというのがいいです。
大人数の家庭でお子さんが多いのであれば、質を落としても大量に贈りましょう。
　53　相手に喜んでもらえるはずです。

　上手な贈り物をするには、相手が喜ぶ物を考えて品物を選び、心をこめて贈ること
が、最も大切です。自分の思い込みだけで選ぶとかえって迷惑をかける場合もありま
す。相手への心づかい(注2)を感じてもらえるような贈り物をしたい　54　。

（注1）勤勉：勉強や仕事などをまじめにがんばること
（注2）心づかい：相手のためを思って気をつかうこと

50

1	伝えてきた	2	伝えていった
3	伝わってきた	4	伝わっていった

51

1 それで 2 つまり 3 したがって 4 たとえば

52

1 に 2 が 3 から 4 より

53

1 そのほうが 2 それだから 3 そのように 4 それだけに

54

1 わけです 2 ものです 3 ようです 4 はずです

問題10　次の(1)から(5)の文章を読んで、後の問いに対する答えとして最もよいものを、
　　　　1・2・3・4から一つ選びなさい。

(1)

　（前略）いま世界各地で起こっている絶滅が問題なのは、その原因を人がつくっていることであり、その進行速度が恐竜などの絶滅と違って、短い時間スケール(注1)で起こっていることなのです。時間スケールが短いと、絶滅するまでの間に新たな種(注2)が出現する暇がなく、地球上の生物種数が減少することになります。つまり現代の絶滅は新たな種の進化(注3)をともなわない、地球の歴史上過去に例をみない絶滅なのです。また、記録に残っている限りにおいても、絶滅のスピードは近年どんどん加速していることが知られています。

（江崎保男『生態系ってなに？』中公新書による）

（注1）時間スケール：期間
（注2）種：生物の種類
（注3）進化：生物が生存するために体の機能を変化させること

55　筆者は現代の絶滅についてどのように述べているか。
　　1　恐竜より短い時間で人間が絶滅する可能性がある。
　　2　人間の数は増加しているが他の生物は絶滅している。
　　3　新しい種が現れる前に、絶滅が起こっている。
　　4　状況を記録に残せないほど絶滅のスピードが速い。

(2)

以下は、ある会社が出した文書の内容である。

9月1日

お客様各位

（株）SJSカメラ

（　　　　　　）

いつもSJSカメラにご来店いただきありがとうございます。

SJSカメラ西店は、9月25日で現在の店舗を閉店し、下記住所に移転することになりました。新住所での営業は10月1日より開始いたします。

今後もよりよいサービスをご提供できるよう努めてまいります。お客様には今後も変わらずご愛顧くださいますようお願い申し上げます。

記

新住所：西市一番町1－1

電話番号：03－1111－111

---

56 この文書の件名として、（　　　　）に入るのはどれか。

1　営業中止のご連絡

2　移転のお知らせ

3　新サービスのご案内

4　お客様へのお願い

(3)

　相手が自信を持って出してきた数字は、議論に勝つための武器として用意したものだから、信頼に値するものが多いのだが、そういう大事な数字も含めて、相手の出してくる数字には注目しておくほうがいい。ついつい相手のソフトな語り口調や熱のこもった話し方に気をとられてしまい、説明が論理的な感じに聞こえると、それが正しいものと信じて疑わないこともある。しかし、話し方や雰囲気にのまれず(注1)に、要所要所で相手が出してくる数字に注目しておくと、論理がどこかで破綻して(注2)いるのに気づいたり、ごまかし(注3)がわかったりすることがあるのだ。

（和田秀樹『数字で考えれば仕事がうまくいく』日本経済新聞出版社による）

（注1）のまれる：大きな力の前で何もできなくなる
（注2）破綻する：（論理が）成立しなくなる
（注3）ごまかし：だますこと

57　筆者がここで最も言いたいことは何か。

1　数字に注意して聞くと相手の話の矛盾に気づくことができる。

2　出してきた数字に関する説明を相手に求めれば議論に勝てる。

3　議論をするときは数字の信頼性より話し方や雰囲気のほうが重要だ。

4　自分の論理の不自然さを隠すには数字を使うのが効果的である。

(4)

　（前略）外出先で具合の悪くなっているおじいさんが若い人に助けを求めた。おなかが痛い、心臓が苦しいと言ったら、「ああ、そうですか。頑張（がんば）ってください」とだけ言ってその場から立ち去ってしまったそうです。①そんなバカなと思いましたが、それだけ今の若者は他者に対して無関心で、普段から余計なことには関わらないようにしながら生きているということでしょう。だから人の命にかかわるようなことが目の前で起こっていてもその場から遠ざかることしかできない。

（安藤忠雄「仕事力　『君の原動力は見つかったか？』　安藤忠雄が語る仕事　１」

2011年１月30日付け朝日新聞朝刊による）

58　①そんなバカなと思ったのはなぜか。

1　老人が関係のない若者に助けを求めたから。

2　若者が具合の悪い老人を応援したから。

3　若者が苦しんでいる老人を助けなかったから。

4　助けを求めた老人が立ち去ったから。

(5)

　現代の社会は、技術の進歩のスピードが速いと言われ、次々に新しい技術が生まれている。新しい技術が生まれると大きな注目を集め、それをビジネスに生かそうとする人々が出てくるが、多くの人に使われるようになるとその技術は当たり前のものとなり、利益を生み出さなくなっていく。そのため、経営者は技術によって何ができるかだけではなく、その先の社会がどうなるかまで考えてビジネスに生かす必要がある。いつの時代においても新しい技術が生まれ、人々は技術の進歩を感じてきた。技術が進んでいくことで、社会はさらに発展していくのだ。

59 筆者の考えに合うのはどれか。

1　技術が当たり前になると経済的価値が低下し、新しいビジネスは生まれない。

2　現代社会は技術の進歩で成り立っており、多くの人が使う技術が注目を集める。

3　現代社会は、これまでの他の時代と同様に、技術が進歩するスピードが速い。

4　経営者は、将来の社会の状況を思い描いて、技術をビジネスに生かすべきである。

このページには問題が印刷されていません。

問題11　次の(1)から(3)の文章を読んで、後の問いに対する答えとして最もよいものを、
　　　　1・2・3・4から一つ選びなさい。

(1)

　①通常の仕事は、経験を積み、技術が上がるほど、質が良くなる。教育の世界でも、も
ちろん経験知(注)は有効に働く。ベテランの安定感は、たしかに大切だ。しかし、教育の場
合は、若く未熟であることがむしろプラスに働くケースがよくあるのも事実だ。初年度に
受け持った学生たちのことが鮮明に記憶に残り、その後のつき合いも深い、という経験が
私にもある。

　これはどういうことだろうか。まず考えられるのは、初年度の緊張感が、学生たちに新
鮮な印象を与えたということだ。慣れてくると手際が良くなる。すると、学生たちは、安
心する一方で油断が出る。レストランで手際のいいコックに料理を出してもらうような気
分で、授業を受け始めてしまうのだ。授業を上手にサービスする側と、サービスされる側
に、立場がはっきり分かれてしまう。先生はいかにも先生らしく、生徒はいかにも生徒ら
しい。

　②こうした関係は、安定はしているが、ときに新鮮さに欠ける。これに対して、初年度
の教師が持つ緊張感は、生徒にも伝染する。その緊張感の共有が、一つの同じ場を作り上
げているのだという意識を生みだす。参加し作り上げる感覚が、生徒の方にも生まれる。
それが思い出の濃さにもつながる。

（齋藤孝『教育力』岩波新書による）

(注) 経験知：経験から得た知識

60　筆者は①通常の仕事と教育の仕事に共通することは何だと述べているか。

　1　技術さえあればいい仕事ができること

　2　安定感が最も大切であること

　3　経験知が仕事の質を高めること

　4　経験が少ないといい場合もあること

61 ②こうした関係とは何を指しているか。

1 レストランのコックと客の関係

2 サービスの良いレストランと客の関係

3 初年度の教師と生徒の関係

4 ベテランの教師と生徒の関係

62 筆者は初年度の教師についてどのように述べているか。

1 緊張感が授業を受ける側に新鮮な印象を与え、いい効果を与えることもある。

2 緊張感が授業を受ける側に伝わり、授業を固い雰囲気にしてしまうことが多い。

3 授業を受ける側と年齢が近いため、安心感を与えることができる。

4 思い出を残すために、授業を受ける側と一緒に授業を作り上げることができる。

(2)

　私は、自由でいたいという気持ちがとても強く、自由って何だろうという問いかけを自分自身にすることが多いのですが、自由というのは、規則があってこそ出てくる言葉で、①まず自分にとっての規則とは何だろう、自分を縛（しば）っているのは、何なのだろうということを考えるようにしています。（中略）書の世界（注1）は②規則がたくさんあります。書道は堅苦（かたくる）しい（注2）と思っている方もたくさんいるのではないかと思います。人類が文字を生み出してから、何千年という月日が流れているので、様々な規則があるのは当然のことです。

　しかし、今まで積み重ねられてきた、そして受け継（つ）がれてきた規則には必ず意味があります。中身のない、流行のようなものは自然消滅（しょうめつ）してしまうので、今我々（われわれ）の時代まで残っている規則を無視（むし）することはとてももったいないことだと思います。ただその規則通りにきっちりと踏襲（とうしゅう）して（注3）いくだけでは楽しくありません。本当の自由を得るために、規則にぶつかっていくことは必要不可欠なのです。

　これは人生においても同じことが言えるのではないかと思います。

（武田双雲『「書」を書く愉しみ』光文社新書による）

（注1）書の世界：書道
（注2）堅苦（かたくる）しい：形式が重要で制限が多く、気楽なところがない
（注3）踏襲（とうしゅう）する：今までのやり方を変更しないで受け継（つ）ぐ

63　筆者が①まず自分にとっての規則とは何だろうと考えるのはなぜか。

　1　人々から自由を奪（うば）っているものが何であるのかを知りたいから。

　2　書の世界に存在する多くの規則を知らなければ上手に書けないから。

　3　自由を考えるには規則の存在をぬきにして考えることはできないから。

　4　今まで自由についてはよく考えたが規則については考えたことがなかったから。

64 筆者は書道における②規則とはどのようなものだと述べているか。

1 現代まで何千年も続いていて存在する意味があるもの

2 長い歴史の間に増え続けてきたので減らすべきもの

3 何もしなければなくなってしまうので守り続けるべきもの

4 流行を追い求めた中身のない書に意味を与えるもの

65 筆者がこの文章で言いたいことは何か。

1 受け継がれてきた規則をそのまま守っていくことで、本当の自由を手に入れることができる。

2 本当の自由を手に入れるには、規則の意味を考えて、必要な場合は抵抗することが大切だ。

3 自由は人生にとって不可欠なもので、世の中の規則に反してでも必ず手に入れなければならない。

4 自由に生きるには、古い規則をすべて捨てて自分だけの新しい規則を作ることが必要だ。

(3)

　生きていれば辛いときもあります。でも「一人を楽しめる人」は、その辛い時期や出来事を「誰かのせい」にせず、一人で乗り越えてゆきます。その過程で誰かに相談したり、愚痴を聞いてもらったりすることもあるかもしれません。でも最終的には、時間がかかっても自分自身で結論を出し、しっかりと立ち直っていきます。

　「一人を楽しめる人」は「他人といるのが苦痛な人」のことではありません。むしろ反対だと僕は考えています。つまり「一人でいるのも楽しいし」、「二人でいるのも楽しい」、そんな状況を作れる人と言ってもいいかもしれません。

　一人でいてもOKだし、誰かといてもOK、どんな状況でも楽しめるから、自分の幸せを誰かに依存する（注1）、つまり「自分の人生を他人に預ける」などという考えは、思い浮かぶことすらありません。①それは他人をきちんと尊重できるということにもつながります。

　「他人と常につながっていないと心配」、反対に「他人といるのが苦痛」という人には、まず「一人」になって「自分」を客観的に見つめることをオススメします。大人の僕にも、これはなかなか難しいことですが、それでも自分にとって大事な人たちと「支配」や「依存」ではない関係を結んでいくためには、また「孤立（注2）」ではない「一人」を楽しむためには、必要なプロセス（注3）だからです。「自立」には欠かせない②訓練なのです。

（南野忠晴『正しいパンツのたたみ方――新しい家庭科勉強法』岩波ジュニア新書による）

（注1）依存する：力のあるものに頼る
（注2）孤立：周囲の人々から離れて自分一人でいる状態
（注3）プロセス：過程、手順

66　①それは何を指しているか。

1　他人との関係を考えないこと

2　自分の幸せを他人に決めてもらうこと

3　他の人といつでもつながっていること

4　自分自身の力で生きていくこと

67 ここでの②訓練とは何をすることか。

1　他人と積極的につながって生きる方法について考えること

2　自分がどういう人間であるかを一人で考えること

3　しばらく人との交流を持たないで周囲から孤立すること

4　他人といるのが苦痛でもできるだけ誰かと一緒にいること

68 筆者が考える「一人を楽しめる人」とはどのような人か。

1　他人に依存しないで、一人でいても誰かといても楽しいと感じることができる人

2　大切な人を支配しないよう、誰かといるよりも一人でいることを楽しむことができる人

3　孤立したとしてもそれを一人で乗り越え、一人でいることを楽しむことができる人

4　精神的に自立していて、誰かといるよりも一人でいることを楽しいと感じることができる人

問題12　次の文章は、「相談者」からの相談と、それに対するＡとＢからの回答である。三つの文章を読んで、後の問いに対する答えとして最もよいものを、１・２・３・４から一つ選びなさい。

相談者：26歳　男

　私は現在東京にある旅行会社に勤めています。父は田舎で酒の製造販売会社を経営しておりますが、この会社を父にかわって経営するべきかどうか悩んでおります。

　大学に入学するとき、父の反対を無視して東京に出て来たので、それ以来父との関係がよくありません。そのため就職する際には、迷うことなく現在の会社に就職しました。ですが、父は昨年、心臓の手術をしたのをきっかけに気が弱くなったのでしょうか、自分が経営する会社のために田舎に戻って来てほしいと言ってきました。

　今の仕事は非常におもしろいですし、将来こちらで結婚するつもりでマンションも買いました。戻るつもりはなかったのですが、病気の父に会ってから①気持ちがゆれています。どうしたらよいでしょうか。

回答者：Ａ

　東京での生活に充実感をお持ちなら、無理に戻る必要はないと思います。
　田舎に戻らなかった理由にお父様との関係がよくなかったということがあるなら、田舎に戻ってもあなたのこれからの人生が今まで以上によくなるとは思えません。「戻るつもりはなかった」とおっしゃっているところを見ると、答えは出ていると思います。
　会社は信頼できる人に任せることをお父様にすすめてみてはいかがでしょうか。

回答者：Ｂ

　過去のことを気になさっているようですが、お父様があなたに「戻って来てほしい」とおっしゃっているのは、昔のことはもう気にしていないということではないでしょうか。
　東京での生活を続けたいようですが、東京での生活があなたにとって最高とは限りません。お父様との関係を考え直してみて、自ら会社を動かしていく魅力も一度経験してみてはいかがでしょうか。

69 ①気持ちとはどんな気持ちか。

1 父親の会社を経営したいという気持ち

2 酒の製造に興味が持てないという気持ち

3 今後の父親の健康が心配だという気持ち

4 田舎には戻るつもりはないという気持ち

70 「相談者」の相談に対してAとBはどのように述べているか。

1 AもBも、田舎に帰って父親の会社を経営するべきだと言っている。

2 AもBも、今の生活をそのまま続けるべきだと言っている。

3 Aは相談者のもともとの考えを大切にするべきだと言い、Bは父親の気持ちを尊重するべきだと言っている。

4 Aは父親の気持ちを尊重するべきだと言い、Bは相談者のもともとの考えを大切にするべきだと言っている。

問題13　次の文章を読んで、後の問いに対する答えとして最もよいものを、1・2・3・4から一つ選びなさい。

　日本の科学技術について語られるとき、決まって「人材が枯渇して(注1)いる」という指摘がされます。しかし、ほんとうにそうなのでしょうか。日本の社会には、こつこつと努力している個人や技術を見いだし、隠れた才能を伸ばすシステムが、不足しているだけではないでしょうか。

　ことに企業の研究者・技術者に対しては、これまでほとんど関心が払われていなかったのではないでしょうか。たとえば、私はノーベル賞受賞決定後、テレビや新聞で①「企業内研究者」と呼ばれました。まるでそれまで、そんな役割を果たす人々が存在しなかったようなニュアンス(注2)を含んだ呼び方だったので、驚きました。企業の研究者や技術者が、大学や公的な機関の研究者と同じように、新しい原理を模索したり、役に立つ応用を開発したりしていることを、もう少しよく知っていただいて、役に立つ製品を開発した人はもちろん、まだ成果を上げていなくても、地道に努力を積み重ねている人には、「いまはまだ会社の利益に貢献していないけれど、よくがんばった」と、力づける仕組みが、日本の社会にあって良いように思います。

　べつの表現をすれば、もう少し、現場を支えている理系の人々、つまり企業のエンジニアや研究者に対する尊敬の気持ちを持ってほしいな、と思います。私たちがどれだけ役に立つ技術を開発しているのか、あるいは開発しようとしているのかを広く知っていただくことができ、多少でも、尊敬の気持ちを持っていただくことができれば、それはお金には代えられない喜びとなります。そういった雰囲気が社会に生まれることは、もし、これからも「技術立国」を日本がめざすのなら、絶対に必要だと思います。

　たぶん、1980年代までの日本には、裏方の仕事をしている人々は、わざわざ自分たちの功績を自分が話さなくても尊敬してもらえる雰囲気がありました。むしろ、黙っているほうがいさぎよい(注3)と思われていたのでしょう。しかし、バブル景気のころから、真面目にこつこつやることが、かっこ悪いと思われるようになりました。「ネクラ(注4)」とまで言われたのです。私もかつて、「ネクラ」と揶揄された(注5)ことがあります。そんなふうに扱われて、②やる気をなくした人々が多かったと思います。私もそのひとりに入ります。

　エンジニアや研究者が正当に評価され、やりがいを持つことができれば、日本再生も容易ではないか、とさえ思えてきます。

（田中耕一『生涯最高の失敗』朝日選書による）

（注１）枯渇する：なくなる

（注２）ニュアンス：言葉の微妙な意味

（注３）いさぎよい：自分の功績を気にしない、立派な態度

（注４）ネクラ：性格が暗いこと

（注５）揶揄する：相手が困ったり怒ったりするようなことをしておもしろがる

---

71 ①「企業内研究者」と呼ばれましたとあるが、筆者はそれについてどのように感じたか。

1　研究者であることが社会に認められるまで時間がかかったので驚いた。

2　自分の研究者としての立場をわかりやすく説明していたので喜んだ。

3　研究者個人より企業を重視するような名前で呼ばれたので意外だった。

4　企業で働く研究者は初めてであるかのような呼び方だったのでびっくりした。

---

72 ②やる気をなくした人々が多かったのはなぜか。

1　会社の利益に貢献できない技術者を会社が評価しなかったから。

2　自分自身の功績を自分から話すことは良くないと言われたから。

3　真面目に一生懸命やっていることを周りからばかにされたから。

4　自分のしていることに価値を感じることができなかったから。

---

73 筆者がこの文章でいちばん言いたいことは何か。

1　努力を続けている研究者や技術者をきちんと評価するべきだ。

2　研究者や技術者は新しい技術を発見してより良い社会を作るべきだ。

3　研究者や技術者は自分たちの研究をもっと世の中に知らせるべきだ。

4　研究者や技術者が不足しているのでもっと増やすべきだ。

問題14　右のページは、さくら区の自転車駐輪場の利用についての案内である。下の問い
　　　に対する答えとして最もよいものを、１・２・３・４から一つ選びなさい。

74　定期利用の申請方法として適切なものはどれか。

1　電話で申請する。

2　利用する駐輪場で申請する。

3　区役所で申請する。

4　区役所のホームページで申請する。

75　ふじ区に住んでいる会社員のＡさんは、３か月の定期利用を申し込んで利用が認め
　　られた。料金の支払いについて適切なものはどれか。

1　5400円を利用する駐輪場で支払う。

2　4800円を利用する駐輪場で支払う。

3　5400円をさくら区役所で支払う。

4　4800円をさくら区役所で支払う。

さくら区自転車駐輪場利用案内

　通勤・通学等で自転車を利用する方のために、駅周辺に自転車駐輪場を複数設置しています。

　1日単位で利用する「当日利用」と、1か月または3か月単位で利用登録する「定期利用」があります。どなたでも利用できます。

| 当日利用 | 利用登録の必要はありません。利用希望日に空きがあれば、いつでも利用できます。 |

| 定期利用 | 利用登録が必要です。利用申請後、承認された方のみ利用登録ができます。毎月利用申請を受け付けます。 |

〈利用申請〉
各駐輪場の空き状況を確認のうえ、利用申請をしてください。申請書に必要事項をご記入のうえ、利用開始月の前月15日までに利用する駐輪場へ直接お持ちください。その際、住所が確認できる物、高校生以下の方は通学を証明する物が必要です。申請書はさくら区役所のホームページからダウンロードしてご利用ください。区役所、各駐輪場にもあります。
なお、各駐輪場の空き状況は、電話で各駐輪場にお問い合わせください。

〈利用登録・料金の支払い〉
利用申請が承認された方へは、区からはがきをお送りします。そのはがきと利用期間に応じた料金を利用開始前月末日までに利用する駐輪場にお持ちになり、利用登録をしてください。

【自転車駐輪場利用料金】　　　　　　　　　　　　　　　　　　　　（単位：円）

利用者区分		一般		高校生以下	
		区民	区民以外	区民	区民以外
定期利用	1か月	1800	2400	1500	2100
	3か月	4800	5400	3600	4200
当日利用	1日	100			

※いったん支払われた料金は、いかなる理由があっても返金いたしません。

問題用紙

Listening

聴解

N2

聴解

（50分）

注　意

Notes

1．試験が始まるまで、この問題用紙を開けないでください。
Do not open this question booklet until the test begins.

2．この問題用紙を持って帰ることはできません。
Do not take this question booklet with you after the test.

3．受験番号と名前を下の欄と解答用紙に書いてください。
Write your examinee registration number and name clearly in each box below and on the answer sheet.

4．この問題用紙は、全部で15ページあります。
This question booklet has 15 pages.

5．この問題用紙にメモをとってもかまいません。
You may make notes in this question booklet.

受験番号　Examinee Registration Number	

名　前　Name	

問題 1

　問題1では、まず質問を聞いてください。それから話を聞いて、問題用紙の1から4の中から、最もよいものを一つ選んでください。

例

1　銀行へ行く

2　郵便局へ行く

3　食事をする

4　電話する

1番
ばん

ア. 薬
くすり

イ. 携帯電話
けいたいでんわ

ウ. 充電器
じゅうでんき

エ. カメラ

1　ア　イ　ウ

2　ア　イ　エ

3　ア　ウ　エ

4　イ　ウ　エ

2番

1 会員登録をする

2 予約の内容を入力する

3 お金を振り込む

4 クレジットカードを作る

3番

ア　パン

イ　バター

ウ　卵
<ruby>卵<rt>たまご</rt></ruby>

エ　野菜
<ruby>野菜<rt>やさい</rt></ruby>

オ　チーズ

1　ア　オ

2　ア　イ　オ

3　ア　ウ　エ

4　イ　エ

4番

聴解

5番

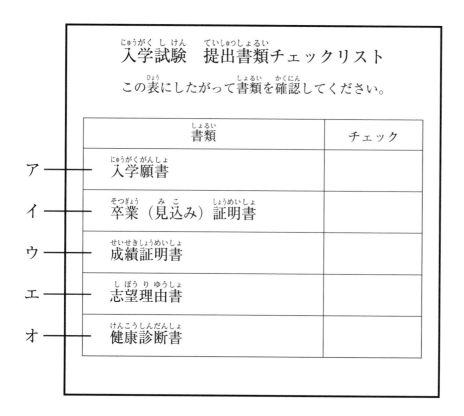

書類	チェック
入学願書	
卒業（見込み）証明書	
成績証明書	
志望理由書	
健康診断書	

入学試験　提出書類チェックリスト
この表にしたがって書類を確認してください。

ア ── 入学願書
イ ── 卒業（見込み）証明書
ウ ── 成績証明書
エ ── 志望理由書
オ ── 健康診断書

1　ア　ウ　エ

2　ア　エ

3　イ　ウ　オ

4　イ　オ

問題2

問題2では、まず質問を聞いてください。そのあと、問題用紙のせんたくしを読んでください。読む時間があります。それから話を聞いて、問題用紙の1から4の中から、最もよいものを一つ選んでください。

例

1 料理が辛すぎるから

2 料理がおいしくないから

3 おなかがいっぱいだから

4 おなかを壊しているから

1番

    1   歌手と同じ髪型にしたいから

    2   今年、はやっているから

    3   運動するとき、じゃまだから

    4   印象を変えたいから

2番

    1   おいしいから

    2   毎日違うスープが飲めるから

    3   量が少ないから

    4   値段が安いから

3番

1　時間に余裕があるから
2　割引期間だから
3　就職したとき役立つから
4　友達が始めたから

聴解

4番

1　仕事が忙しいから
2　行くのが面倒だから
3　知っている人が少ないから
4　人付き合いが苦手だから

5番

1　就職するとき条件がよくなるから
2　英語を上手に話せるようになりたいから
3　外国で生活してみたいから
4　その国のいろいろな場所を旅行したいから

6番

1　生徒の自然に対する知識が深まったこと
2　生徒に体力が付いたこと
3　全員1000メートル泳げるようになったこと
4　生徒が助け合うようになったこと

このページには問題が印刷されていません。

問題3

問題3では、問題用紙に何もいんさつされていません。この問題は、全体としてどんな内容かを聞く問題です。話の前に質問はありません。まず話を聞いてください。それから、質問とせんたくしを聞いて、1から4の中から、最もよいものを一つ選んでください。

— メモ —

問題4

もんだい
問題4では、問題用紙に何もいんさつされていません。まず文を聞いてください。それから、それに対する返事を聞いて、1から3の中から、最もよいものを一つ選んでください。

— メモ —

問題5

問題5では、長めの話を聞きます。この問題には練習はありません。

メモをとってもかまいません。

1番、2番

問題用紙に何もいんさつされていません。まず話を聞いてください。それから、質問とせんたくしを聞いて、1から4の中から、最もよいものを一つ選んでください。

― メモ ―

3番
ばん

まず話を聞いてください。それから、二つの質問を聞いて、それぞれ問題用紙の1から4の中から、最もよいものを一つ選んでください。

質問1

1 果物の絵
2 海の絵
3 山の絵
4 花の絵

質問2

1 果物の絵
2 海の絵
3 山の絵
4 花の絵

聴解

N2 「言語知識（文字・語彙・文法）・読解」 解答用紙

受 験 番 号
Examinee Registration Number

名 前
Name

問題 1

1	①	②	③	④
2	①	②	③	④
3	①	②	③	④
4	①	②	③	④
5	①	②	③	④

問題 2

6	①	②	③	④
7	①	②	③	④
8	①	②	③	④
9	①	②	③	④
10	①	②	③	④

問題 3

11	①	②	③	④
12	①	②	③	④
13	①	②	③	④
14	①	②	③	④
15	①	②	③	④

問題 4

16	①	②	③	④
17	①	②	③	④
18	①	②	③	④
19	①	②	③	④
20	①	②	③	④
21	①	②	③	④
22	①	②	③	④

問題 5

23	①	②	③	④
24	①	②	③	④
25	①	②	③	④
26	①	②	③	④
27	①	②	③	④

問題 6

28	①	②	③	④
29	①	②	③	④
30	①	②	③	④
31	①	②	③	④
32	①	②	③	④

問題 7

33	①	②	③	④
34	①	②	③	④
35	①	②	③	④
36	①	②	③	④
37	①	②	③	④
38	①	②	③	④
39	①	②	③	④
40	①	②	③	④
41	①	②	③	④
42	①	②	③	④
43	①	②	③	④
44	①	②	③	④

問題 8

45	①	②	③	④
46	①	②	③	④
47	①	②	③	④
48	①	②	③	④
49	①	②	③	④

問題 9

50	①	②	③	④
51	①	②	③	④
52	①	②	③	④
53	①	②	③	④
54	①	②	③	④

問題 10

55	①	②	③	④
56	①	②	③	④
57	①	②	③	④
58	①	②	③	④
59	①	②	③	④

問題 11

60	①	②	③	④
61	①	②	③	④
62	①	②	③	④
63	①	②	③	④
64	①	②	③	④
65	①	②	③	④
66	①	②	③	④
67	①	②	③	④
68	①	②	③	④

問題 12

69	①	②	③	④
70	①	②	③	④

問題 13

71	①	②	③	④
72	①	②	③	④
73	①	②	③	④

問題 14

74	①	②	③	④
75	①	②	③	④

以下のサイトから解答用紙がダウンロードできます。

https://www.3anet.co.jp/np/books/3807/

N2 「聴解」 解答用紙

受験 番 号
Examinee Registration
Number

名 前
Name

問題 1

問	1	2	3	4
例	①	②	●	④
1	①	②	③	④
2	①	②	③	④
3	①	②	③	④
4	①	②	③	④
5	①	②	③	④

問題 2

問	1	2	3	4
例	①	②	●	④
1	①	②	③	④
2	①	②	③	④
3	①	②	③	④
4	①	②	③	④
5	①	②	③	④
6	①	②	③	④

問題 3

問	1	2	3	4
例	①	②	③	④
1	①	②	③	④
2	①	②	③	④
3	①	②	③	④
4	①	②	③	④
5	①	②	③	④

問題 4

問	1	2	3
例	①	●	③
1	①	②	③
2	①	②	③
3	①	②	③
4	①	②	③
5	①	②	③
6	①	②	③
7	①	②	③
8	①	②	③
9	①	②	③
10	①	②	③
11	①	②	③
12	①	②	③

問題 5

問	1	2	3	4
1	①	②	③	④
2	①	②	③	④
3 (1)	①	②	③	④
3 (2)	①	②	③	④

以下のサイトから解答用紙がダウンロードできます。

https://www.3anet.co.jp/np/books/3807/